Jette Barlag

Ich habe etwas zu sagen ...

Gedichte

Jette Barlag

Ich habe etwas zu sagen ...

Gedichte

Bibliografische Information der Deutschen
Nationalbibliothek:
Die Deutsche Nationalbibliothek verzeichnet diese
Publikation in der Deutschen Nationalbibliografie;
detaillierte bibliografische Daten sind im Internet über
http://dnb.dnb.de abrufbar.

Fotos u.a. Martin Meier

Herstellung und Verlag: BoD – Books on Demand,
Norderstedt

ISBN: 978-3-7494-6482-1

Titus

Du lebst.
Nicht mehr.
Nicht wie jeder andere.

Du bist mein schönes Gefühl,
mein starker Beschützer,
mein guter Geist.
Du lebst in mir und unseren Brüdern
und unsere Brüder und ich leben für dich.

Schwester eines toten Bruders zu sein
macht mich nicht unglücklich und klein.
Es gibt mir Kraft und Stärke,
nie allein zu sein;
denn ich fühle, dass du immer
über mir wachst,
neben mir gehst
und in mir lebst.

Als du lebtest, ruhte ich noch in einer anderen Welt,
seit ich lebe, bist du in der nächsten Welt.
Eines Tages begegnen wir uns dort
nicht als Fremde, sondern als Vertraute.
Zusammen sind wir ein Herzschlag der Zeit.

Gedanken an dich
machen mich nicht traurig –
an dich zu denken macht mich
neugierig
nachdenklich
stolz
fröhlich

vollständig.

Ohne dich zu leben
macht mich nicht schwach,
mit dir zu leben
macht mich stark wie zwei.

Wachsen und werden

Respektvoll,
dankbar und demütig
verneige ich mich vor dem Kosmos
und der Größe der geistigen Welt,
die mir Reifezeit und weiten Raum schenkte
zwischen meinem letzten Tod und der neuen Geburt.
Sie drängte mich nicht, sie engte mich nicht ein
und zwang mich zu nichts,
sondern gab mir und allem, was Ich ist,
Friede und Geborgenheit,
in der ich suchen,
mich mit meinen Ahnen verbinden
und frei entscheiden durfte.
Nur so konnte ich sie finden,
meine Eltern, die mich nicht aufziehen,
sondern im Aufwachsen begleiten,
meine Familie, in der ich geliebt werde und
meine Kultur, in der ich die Welt erschließen darf.
Noch ehe ich die physische Mutterhülle verließ,
durfte ich vorausschauen auf das Leben,
welches mich erwarten würde.
Ungeduldig war ich.
Wachsen wollte ich,
leben und werden.
Früher als der Lebensplan es vorsah,
stürzte ich mich in die reale physische Welt,
der ich niemals schutzlos ausgeliefert war,
sondern beschützt durch die
unerschütterliche, bedingungslose Liebe
der Eltern, die ich mir aussuchen durfte.
Achtsam erkannten sie die verborgenen Anlagen
meines Werdens und Wachstums
und liebten das Wesen des werdenden Menschen,
der ich einmal sein werde, aus mir heraus.
Lebenskraft strömte in die mineralische Welt,
öffnete die Ätherhülle
und empfing meine Kraftgestalt in einer lebendigen Welt.

Eingebettet im warmen Licht des Astralleibs,
der mich mit Empfindungen vertraut macht,
dürfen die Glieder meines Wesens und Seins
gedeihen wie eine zartgrüne Pflanze,
die zukünftig Blüten bilden
und Früchte tragen wird.
Ich bin nicht ein,
ich bin nicht es,
ich bin nicht etwas.
Ich bin jetzt Ich.
Nur ich bin Ich.
Nur mich kann ich als Ich bezeichnen.
Nur ich kann mich als Ich bezeichnen.
Geistselbst.
Stark genug anzunehmen,
was mir der Kosmos aus meinem vorherigen Leben
zurück in die Hände und mein Ätherherz legt.
Ich schaue zurück auf die Spuren der Vergangenheit
und hinterlasse die ersten Abdrücke in die Zukunft.
Mein Karma hält sie fest und bewahrt sie für meine
späteren Leben.
Wenn ich das jetzige verlasse, hoffe ich,
den Panoramablick auf meine Zeit
zufrieden genießen zu dürfen.
Heute spüre ich, wie sich das Alte mit mir verbindet.
Es ist nur eine Ahnung.
Die Weisheit vergangener Leben belehrt mich nicht.
Sie verlässt und verfolgt mich nicht.
Sie versammelt sich um mich.
Sie versichert mir vertrauensvoll,
dass in diesem Erdenleben,
ehe es dem Kosmos zurück übergeben wird,
die gleichen Kräfte mein Herz schlagen lassen,
die es im vergangenen taten
und im zukünftigen tun werden.

Nächstenliebe

Nächstenliebe ist nicht schwer,
sondern eigentlich ganz leicht.
Man muss sie nicht erlernen – nur zulassen und spüren.
Sie ist nicht an Bedingungen geknüpft.
Alle Menschen können sie geben
und mit jedem sollte sie geteilt werden.

Sie ist durch Äußerlichkeiten hindurch
ein freundlicher Blick,
eine liebevolle Geste von Ich zu Ich.

Seinen Nächsten zu lieben setzt die Bereitschaft voraus,
ihn mit offenem Blick, unvoreingenommen
und ohne Vorurteile zu betrachten.

Jemandem zu vertrauen, braucht keinen Grund,
ihn um seiner selbst willen zu lieben,
kennt keine Voraussetzungen.
Jeder Mensch ist gut, ehe ich ihn kenne – ich mag ihn.
Jeder ist Freund, wenn er in mein Leben tritt
und mich berührt.

Ich kann und will jedem Nächsten mit Liebe begegnen,
unabhängig von dem, was er kann, was er hat,
was er ist oder leistet.
Gleichgültig, wie groß, wie klein,
 wie stark oder schwach er ist,
welche Herkunft er hat und Sprache er spricht.

Nächstenliebe bedeutet selbst Freude zu fühlen,
wenn ich einen Menschen bewundere,
mich mit ihm freue, ihn wertschätze
und annehme mit allem, was er ist –
den Stärken und den Schwächen,
seiner starken Kraft und zarten Zerbrechlichkeit.

Nächstenliebe ist weder Kunst noch künstlich.
Sie ist ehrlich. Sie erinnert. Sie verzeiht.
Sie veranlasst mich nicht dazu,
am anderen zu feilen oder ihn verändern zu wollen.
Sie lässt Menschen miteinander in Bewegung geraten
und sich aneinander abrunden.

Streit, Enttäuschung, Wut und Traurigkeit
lassen ihre Kraft unberührt.
Ich kann streiten und wütend sein,
eine Meinung nicht teilen oder meinen Nächsten nicht
verstehen.
Dennoch liebe ich ihn.

Nächstenliebe bedeutet auch TROTZDEM.
Und immer LIEBE.

Lachen

Lachen kann Ausdruck unglaublichen Glücks sein.
Dann ist es ehrlich und echt.
Gefährlich und schlecht
Webt es Gemeinheit in unser Gefühl ein.
Manch einer lacht sich aus der Realität,
wenn er den Schmerz um sich herum nicht erträgt.

Nichts ist so hart, wie verlacht zu werden.
Lachen kann trügerischer Schein sein.
Doch bringt es auch Glück in die Welt hinein
Und begleitet uns von der Geburt bis zum Sterben.
Mutig lach ich der Angst ins Gesicht
und weiß genau: so packt sie mich nicht.

Das zarteste Lachen wird Lächeln genannt,
welches in Freude verbindet
sodass Freudlosigkeit schwindet –
es ist zwischen Seelen ein tanzendes Band.
Vielleicht glauben die Harten, sie hätten die Macht,
doch nichts ist so mächtig, wie ein Kind, das zart lacht.

Der Würde auf die Beine helfen

„Du bist nichts!", waren die letzten Worte,
welche die Würde fast ohnmächtig vernahm,
ehe sie zu Boden ging an einem hasserfüllten Orte,
an dem sie ohne Hilfe nicht wieder auf die Beine kam.

Schwer atmend und starr wie Stein,
zitternd vor Angst und schweigend vor Scham,
liegt sie nun dort und fühlt sich klein,
seit niemand ihr zur Hilfe kam.

Der Hass steht ihr auf der Brust mit vollem Gewicht,
die Lieblosigkeit hilft ihm und verdoppelt seine Macht,
die Gleichgültigkeit geht vorbei und wendet ihr Gesicht
zur Ignoranz, welche verachtend in die Runde lacht.

Betäubt ist die Würde; mehr fühlt sie nicht,
als Hand in Hand Eitelkeit und Arroganz vorübergehen.
Sie gehören zur selben Gesellschaftsschicht
wie der Neid, den es erfreut, andere am Boden zu sehen.

Die Berechnung sagt: „Es lohnt nicht für mich.
Am Ende bekomme auch ich von den Tritten."
Die Courage schreit: „Stopp! So geht das nicht!
Ich werde die Gemeinschaft um Hilfe bitten".

Zugewandtheit und Freundschaft haben die größte Kraft,
helfen der Würde auf, während die Wertschätzung sie stützt.
Gemeinsam mit der Liebe haben sie es geschafft,
die sie alle umarmt und aufmerksam beschützt.

Mensch sei Wind

Mensch sei Wind.
Sei frei und wild,
sei rau und mild,
verbinde dich mit der Natur,
ganz natürlich,
und begleite unabhängig
die sich wandelnden Gezeiten.

Sei das lebendige Flüstern
Im Stammbaum der Generationen,
das Geschichten und Geschichte erzählt,
das leise in die Gegenwart trägt,
was geschehen ist
oder nie wieder geschehen darf.
Flüstere wieder und wieder durch unsere Zweige,
erinnere uns und lass uns nicht vergessen.

Wo Menschen sich verletzen
und über einander hetzen,
mit Ungerechtigkeit strafen,
obschon kein Vergehen stattgefunden hat,
Mensch sei Wind, sei Gegenwind!
Bäume dich auf und bremse sie aus.
Sei der Sturm, der durch düstere Ecken
und rechte Winkel fegt.
Tobe, heule und stelle dich in den Weg.

Wo der Mensch den Menschen braucht,
wo Wege steil und unwegsam sind,
Mensch sei Wind, sei Rückenwind!
Sei der leise Hauch in unseren Ohren,
der uns bestärkend verspricht,
dass es immer weiter geht.
Sei die unsichtbare Hand,
die sanft vorwärts schiebt
und selbst die schwersten Strecken
begehbar macht.

Wo Liebe gedeiht
und Menschlichkeit ein Zuhause hat,
wo Wärme und Zuwendung gelebt werden,
Mensch sei Wind, sei Sommerwind!
Sei das milde Lüftchen
in der Blüte der Menschlichkeit,
das ihre Keime weiterträgt und Karges bestäubt.
Sei der kühle Luftzug,
der erhitzte Gemüter beruhigt
und von einem zum anderen weitergibt,
was sie mild und die Liebe fruchtbar macht.

Sei Sturm und Brise,
sei Orkan oder Hauch,
sei niemals still,
Mensch sei Wind!

Vielleicht ist mein Sein ein Labyrinth

Vielleicht ist mein Sein ein Labyrinth,
das im Inneren sich vollendet
und auf einem Weg beginnt,
dessen Anfang ich nur finden musste
und zu dessen Ziel ich strebe,
wo ich mich finde, ganz pur, ganz klar erlebe.
Ich gehe Kurve um Kurve, Schritt für Schritt
und was ich erlebe, das nehme ich mit
in meine Mitte, wo es sich zusammenschließt
im Strom des Lebens, der mit mir fließt.

Ein Labyrinth kennt nur einen Weg.
Ich brauche keine Angst zu haben,
mich zu verlaufen
und trotzdem muss ich mich stets bemühen
und mutig sein, einem Ziel zu folgen,
das ich weder kenne noch sehe,
von dem ich aber weiß,
tief in meinem Inneren weiß,
dass es mich erwartet und in Wunder hüllt.

Ohne Hast durchschreite ich mich,
schaue mich in mir um und darf mich erleben,
Rast machen und in mir ruhen.
Ich bin nicht in mir gefangen.
Ich bin nicht eingeschlossen;
wenn ich will, kann ich jederzeit
einen Schritt zurücktreten,
mich an einem sonnigen, vertrauten Ort erholen
und nach einer kurzen Rast
in meinem Labyrinth weitergehen.

Denn vielleicht ist mein Sein ein Labyrinth,
das im Inneren sich vollendet
und auf einem Weg beginnt,
dessen Anfang ich nur finden musste

und zu dessen Ziel ich strebe,
wo ich mich finde, ganz pur, ganz klar erlebe.
Ich gehe Kurve um Kurve, Schritt für Schritt
und was ich erlebe, das nehme ich mit
in meine Mitte, wo es sich zusammenschließt
im Strom des Lebens, der mit mir fließt.

Ich habe volles Vertrauen an mein Ich,
das mich um die schärfsten Kurven geleitet,
von denen ich nicht weiß,
was sich hinter ihnen verbirgt.
Manche Windung wird mich scheinbar
von meiner Mitte entfernen
und doch zu ihr führen.
Eine Mitte, die ich nicht sehen kann,
so lange ich selbst durch dieses Labyrinth gehe.
Der Weg zu mir selbst ist kein direkter;
doch wenn er mir zu eng wird,
schaue ich nach oben in eine grenzenlose Freiheit
und spüre, dass diese grenzenlose Freiheit
von dort auch auf mich schaut.

In mir ist kein Irrgarten,
es gibt keinen falschen Weg,
keine Gasse, die ins Leere führt.

Aber vielleicht ist mein Sein ein Labyrinth,
das im Inneren sich vollendet
und auf einem Weg beginnt,
dessen Anfang ich nur finden musste
und zu dessen Ziel ich strebe,
wo ich mich finde, ganz pur, ganz klar erlebe.
Ich gehe Kurve um Kurve, Schritt für Schritt
und was ich erlebe, das nehme ich mit
in meine Mitte, wo es sich zusammenschließt
im Strom des Lebens, der mit mir fließt.

Mein Labyrinth bin ich.

Der beste Tag meines Lebens

Der beste Tag meines Lebens könnte schon gewesen sein
oder erwartet mich erst später. Vielleicht an einem Morgen,
an dem ich absichtslos und ohne Sorgen
alles Dunkle in mir vergesse und den Sonnenschein
einlade, mich zu erwecken
und mit mir das Schöne der Welt zu entdecken.

Wie könnte er sein, dieser schönste Tag?
Vielleicht ist es einer, der mich besonders berührt
oder auch der, an dem in der Welt nichts passiert.
Ein Tag, den ich aufgrund seiner Friedfertigkeit mag.
Einer, an dem ich an nichts denken muss;
an diesem Tag gibt mir das Glück einen Kuss.

Vielleicht ist der Gedanke groß und nicht klein,
dass jeder Tag das Potential besitzt,
also in jedem von ihnen die Chance aufblitzt,
der beste meines Lebens zu sein.
Manchmal bleibt es uns nur verborgen:
Der beste Tag ist gestern, heute und morgen.

Wegweiser

„Ich führe dich auf den rechten Weg",
sagte eine Mutter,
fasste ihr Kind am Arm
und zog es strengen Blickes vorbei
an Flüchtlingen, Ausländern,
fremden Kulturen und Religionen
in eine kahlgeschorene harte Welt.

„Ich bringe dich auf den richtigen Weg",
sagte eine weitere Mutter,
nahm ihr Kind bei der Hand
und führte es linksseitig vorbei
entlang vielfältiger, bunter Kulturen,
Menschen und Lebensweisen
in eine Welt der Gemeinschaft, des Friedens
und der Toleranz.

„Ich begleite dich auf einen freien Weg",
sagte meine Mutter,
als sie hinter mir stand
und mich auffing, wenn ich taumelte,
mich freien Blickes die Welt erkunden ließ,
mir vertraute und mich trotzdem immer liebend beschützte.

Gesellschafts-Haiku

Eine Farbe kämpft

ohne Rücksicht bis zum Ziel.

Ein **Gesellschafts**spiel?!

Steh auf!

Wenn du etwas verändern willst, bleibe nicht am Boden,
lass dich nicht runter drücken,
nicht unterdrücken,
kauere dich nicht zusammen und beklage dich nicht,
mach dich nicht kleiner, als du bist.

Steh auf!
Mach dich groß.
Betrachte die Welt von oben, aber nicht oberflächlich
und auch nicht von oben herab.
Finde deinen Schwerpunkt,
kenne deinen Standpunkt,
bleib standhaft!
Halte die Balance.
Mach dich grade,
sei das Rückgrat der Gesellschaft.

Steh auf!
Und bleibe stehen.
Aber gewollt und nicht wie angewurzelt.
Wanke nicht, schwanke nicht,
stehe fest auf deinen eigenen Beinen,
die Füße nicht hinter, nicht neben oder vor,
sondern auf deinem Standpunkt.

Lass dich von dort nicht verdrängen,
aber tritt immer wieder einen Schritt zur Seite,
um die Welt aus einer anderen Perspektive zu betrachten.

Bleibe nicht am Boden und schweige,
sondern steh auf und sag, was du denkst.
Bevor du gehen kannst, musst du stehen.
Also steh auf!
Steh jetzt auf!
Steh endlich auf!

Wünsche

Was ich mir wünsche, habe ich nicht
das erhoffe ich mir
das gönne ich dir
das ist, was mir aus der Seele spricht

Wünschen ist eine Art von Traum
der Blick ist geschlossen
die Fantasie offen
Wünschen ist meiner Hoffnung Saum

Wer mir was wünscht, der denkt an mich
das freut mich sehr
mein Herz noch mehr
dein Segen wünscht mich in das Licht

Wunsch kann große Sehnsucht sein
und wenn in mir die Traurigkeit erklingt
und ein Wunsch mich in Hoffnung bringt
dann ist in der Dunkelheit Wunsch mein Schein

Auf der Suche

Hab ich immer gesucht,
was ich gefunden habe?
Fand ich,
wonach ich gesucht habe?

Oft bin ich gefunden worden
von besonderen Menschen
oder Situationen.
Aber war ich verloren?

Wurde nach mir gesucht,
als ich gefunden wurde?

Das sind meine Fragen
an das Suchen
und Finden.

Die Antworten finde ich
durch dich
und in mir.

Herz, Seele und Verstand
sind die drei Fundgruben
in mir.

Dort finde ich Dinge,
über die ich noch keinen Gedanken gefasst hatte,
die ich nicht suchte,
doch welche mich fanden und finden werden.

Von Zeit zu Zeit fühle ich dort vorbei
und schaue vorsichtshalber
achtsam,
was ich vermisse
oder was mir fehlt.

Wortsalat

Kein rechtes Wort kann ich dort finden,
in meinem Kopf, da dreht es sich,
doch weit und breit kein helles Licht.
Es ist, als ob Gedanken schwinden.
In meinem Geist ist in der Tat
ein riesengroßer Wortsalat.

Die Schärfe in den Buchstaben ist weg,
es ist ein Salat, der nicht gut schmeckt,
in dem nicht die richtige Würze steckt.
Es ist ein einziger langweiliger Fleck.
Heut` ist mir alles irgendwie zu lasch,
das Auftischen macht mir gar keinen Spaß.

Da muss was passieren – ich greife zu Tricks.
Ein geflügeltes Wort hier, ein spannendes da
und schon fließt die Sprache wunderbar.
Zusammen ergibt es einen würzigen Mix.
Jetzt ist der Salat nicht mehr kahl und nackt,
die Langeweile, sie wurd` mit den Gewürzen klein gehackt.

So ist das mit der Schreiberei.
Manchmal ist das Rezept nicht bekannt
und manchmal geht es ganz leicht von der Hand.
Mal ist die Tür zu und mal frei.
Wenn man sich aber die Würze spart,
dann bleibt es am Ende ein Wortsalat.

Baumeskraft in mir

Eine prächtige Blutbuche und heute sogar
imposantes Naturdenkmal
war früher nicht mehr als eine kleine
unbedeutende Buchecker,
wurde nicht gefressen, nicht zertreten,
sondern blieb beharrlich auf gutem Boden liegen,
wo ihr die Natur dazu verhalf, zu keimen, zu gedeihen,
über Jahre, Jahrzehnte und Jahrhunderte zu wachsen.

Vieles hat sie erlebt und gefühlt.
Die glücklichsten Momente,
wie Paare, welche zueinander fanden,
den ersten Kuss und den schlimmsten Streit,
Kinder, die um ihren Stamm sprangen,
einander die Hände hielten
und des Lebens Sinn erspielten,
große Entwicklung und zahllose Feste.

Schreckliches hat sie gesehen,
durch das sie erschütterte aber niemals brach.
Krieg, Tod, unfassbare Wut und Trauer
sind die dunklen Kerben,
welche ihre Jahresringe umschließen.
Ihr Kernholz hütet Geschichten, ja ganze Epochen,
helle und dunkle,
um die sich zart und dünn die Borke schmiegt.

All das hat sie überdauert
als stille Zeitzeugin der Geschichte.
Sie spendete Schutz und Schatten, war und ist ein Ort
zum anlehnen, zum verweilen,
zum losgehen und zurückkehren.
Ein Ort, an dem neues Leben gedeihen kann
und vergangenes verabschiedet wird,
von den Wurzeln bis in die Krone.

Heute steht sie auf einem Friedhof, wo ihre Wurzeln
die Menschen und ihre Geschichte berühren,
in die Gräber ragen,
sich weit erstrecken und mild unsere Ahnen streicheln.

Ich möchte wachsen wie jener Baum,
möchte stark sein und festen Stand im Leben haben,
mich tief verwurzeln und dennoch weit blicken
auf das, was noch entfernt ist,
auf das, was zurück liegt,
in das, was mich nährt und gedeihen lässt,
um mich herum auf das, was wächst, Schutz sucht,
mich begleitet oder braucht.

Ich möchte sein wie dieser Baum,
stetig wachsen, mich verbinden mit der Welt,
Geheimnisse hüten, wild und frei sein,
den Lebensstürmen standhalten und der Kälte trotzen,
nie allein sein, eine freundliche Krone auf mir
und schützenswerte Seele in mir tragen.

Eines Tages
werde auch ich an den Wurzeln dieser Buche ruhen.
Dann nimmt sie mein Leben in ihres auf
und mich in sich.
Dann bin ich sie
und sie ist ich.

Zeit

Zeit
tick tack
verändert alles
und doch nichts
tick tack
alles wiederholt sich
alles dreht sich im Kreis

Hexenjagd
tick
Apartheid
tick tack
Sklaverei
tack
Indianer ausrotten
tick tack
Judenverfolgung
tick
Rassismus
tack
Flüchtlinge abweisen
tick tick tack

Alles wiederholt sich
tick
tack
tick
tack
tick
tack
Zeit ändert gar nichts

Der kleine Neid

Der kleine Neid und die Anerkennung
sind völlig verschieden und gleichen sich in nichts.
Dennoch verbringen sie unverabredet
viel Zeit miteinander; denn sie begegnen sich
immer wieder an den gleichen Orten.

Heute erst trafen sie sich
beim Betrachten eines Bildes.
„Wie wunderbar und farbenfroh dieses Bild
dem Künstler gelungen ist",
sagte die Anerkennung.
„Das könnte doch jeder",
 entgegnete der Neid.

Wenig später begegneten sie einander
beim Lauschen eines Musikstückes.
„Welch bezaubernde Harmonie
der Musiker geschaffen hat",
sagte die Anerkennung.
„Nicht besser als viele andere Lieder",
entgegnete der Neid.

Zuletzt standen sie nebeneinander
beim Zuhören eines Gedichtvortrages.
„Wie präzise und talentiert
der Dichter formuliert",
sagte die Anerkennung.
„Sowas ähnliches habe ich schon zuhauf gelesen",
entgegnete der Neid.

Die Anerkennung verabschiedete sich
von dem kleinen Neid:
„Ich habe noch eine Verabredung mit Freunden",
sagte sie.
„Was willst du denn mit Freunden?",
entgegnete der Neid.

„Ich fühle mit ihnen, ich lache und weine mit ihnen,
ich freue mich mit ihnen,
ich bewundere sie und lebe mit ihnen".

Der kleine Neid ging nach Hause
in seine einsam-graue Welt,
schlug die Tür hinter sich zu
und schnaufte missgünstig:
„Pffff ... wofür soll das gut sein?"

I`ve got something to say ...

Friendship

I don`t want to be everybody`s darling
but everybody`s friend.
I want to respect every human
from my beginning to my end.

I see my friends
with all of their quirks,
but I love the friendship
with whiners and neards.

Nobody is perfect,
even not me,
but everybody is special,
that`s what I see.

My friendship to you
does not depend
on your skin`s colour,
that may be different.

I don`t want to be everybody`s darling
but everybody`s friend.
I love every nation
and give her my hand.

Freundschaft

Ich will nicht jedermanns Liebling sein
aber jedermanns Freund.
Ich möchte von meinem Anfang bis zu meinem Ende
jeden Menschen respektieren.

Ich betrachte meine Freunde
mit all ihren Eigenarten,
aber ich liebe auch meine Freundschaft
zu Heulsusen und Nerds.

Niemand ist perfekt,
auch ich nicht,
aber ich kann sehen,
dass jeder besonders ist.

Meine Freundschaft zu dir
ist nicht abhängig
von deiner Hautfarbe,
die sich vielleicht von meiner unterscheidet.

Ich will nicht jedermanns Liebling sein
aber jedermanns Freund.
Ich liebe jede Nation
und reiche ihr meine Hand.

Grief

Sometimes I make an appointment with my emotions.
In the majority of cases I hang out with
happiness, love and caring, joy, proudness and
satisfaction.
Yesterday, after a long time, I visited my grief.
„Wow, you grew up!", I said, when I met her first,
but I did not recognize immediately, that she was filled
with sadness.

Than my grief told me,
why she had grown that much within the last few month.
I was greatly saddened to hear of her sorrows,
she told me with tears in her eyes:
War an human suffering all over the world.
Environmental pollution.
Somebody she loved, nearly would have passed.
Refugees started with hope to find out, that they were less
welcome than streetdogs and considered dirty tramps.
Xenophobia, homophobia and discrimination
let my grief grow up.
Everybody should have seen her, but nobody wanted to.

At this evening I lay in bed and didn`t think
of anything but her.
As a shooting star touched the dark sky,
I prayed with a constant feeling of hope,
that the whole world could change and let my grief
be as small as it should be in my age.

Trauer

Manchmal verabrede ich mich mit meinen Gefühlen.
In den meisten Fällen hänge ich mit
Fröhlichkeit, Liebe und Geborgenheit, Freude,
Stolz und Zufriedenheit rum.
Gestern habe ich nach langer Zeit meine Trauer besucht.
„Wow, bist du groß geworden!", sagte ich zunächst,
als ich sie traf, aber ich erkannte nicht sofort,
 dass sie voll Traurigkeit war.

Dann erzählte mir meine Trauer,
 warum sie in den letzten Monaten so sehr gewachsen war.
Ich war sehr betroffen, als sie mir mit Tränen in den Augen
von ihren Sorgen erzählte:
Krieg und menschliches Leid auf der ganzen Welt.
Umweltverschmutzung.
Jemand, den sie liebte, wäre beinahe gestorben.
Flüchtlinge machten sich hoffnungsvoll auf den Weg
um herauszufinden, dass sie weniger willkommen waren
als Straßenhunde und behandelt wurden
wie dreckige Landstreicher.
Fremdenfeindlichkeit, Homophobie und Diskriminierung
ließen meine Trauer groß werden.
Jeder hätte sie sehen sollen, aber niemand wollte es.

An diesem Abend lag ich im Bett und konnte
an nichts anderes als sie denken.
Als eine Sternschnuppe am dunklen Himmel vorüberzog,
betete ich mit einem unerschütterlichen
Gefühl der Hoffnung,
dass die ganze Welt sich einmal ändern und meine Trauer
so klein würde, wie sie es in meinem Alter sein sollte.

Hopeless?

Deepest sadness makes war victims speechless.
Losing everything leaves them homeless.
Often they are received loveless
in a new strange world,
that can`t be anything but cheerless.
Hopeless?
That`s how the world goes and most people behave.
Those who don`t want to hear about it
are meaningless.
But we should always have an opinion!
We should not give up healing the world,
`never the less`.

Hoffnungslos?

Tiefste Traurigkeit macht Kriegsopfer sprachlos.
Alles zu verlieren, macht sie heimatlos.
Häufig werden sie lieblos empfangen
in einer neuen fremden Welt,
die nichts weiter sein kann als trostlos.
Hoffnungslos?
So geschieht es in der Welt
und so verhalten sich die meisten Menschen.
Jene, die nichts davon hören wollen, sind bedeutungslos.
Aber wir sollten immer eine Meinung haben!
Wir sollten nicht aufgeben, die Welt zu verbessern.
Dennoch!

Learning from the ducks

Ducks,
when being shocked or angry,
when having had a fight or an argument,
when being sad or scared,
fluff up,
shake themselves,
turn around
and have already forgotten,
what happened before.
Sometimes we should cut a slice
and copy the duck`s strategy:
Shake,
turn around,
carry on!

Von den Enten lernen

Enten,
wenn sie erschreckt oder geärgert werden,
wenn sie einen Streit oder Kampf haben,
wenn sie traurig oder ängstlich sind,
plustern sich auf,
schütteln sich,
drehen sich um
und haben schon vergessen,
was zuvor passiert ist.
Manchmal sollten wir uns
eine Scheibe abschneiden
und die Strategie der Enten kopieren:
Schütteln,
umdrehen,
weitermachen!

Being three brothers` sister

I am three brothers` sister
and in my case I can tell you:
that`s not so bad.
It`s a great experience
to be influenced by three different characters
and all their diverse skills.
One of them is very determined and ambitious.
He never gives up following his goals.
He always pays attention on his younger siblings.
The other one teaches me to be
creative, humorous and tolerant to everybody.
He`s an individual guy and wonderful listener.
My third brother is my good soul and my
inisible best friend.
I learn from him to believe,
to be connected with another world and
to be protected by magic power.

Being three brothers` sister is a gift,
because it means being taught in
ambition,
openness
and trust
in a verry loving attention.

Schwester dreier Brüder

Ich bin die Schwester dreier Brüder
und in meinem Fall kann ich dir sagen:
Das ist gar nicht so schlecht.
Es ist eine großartige Erfahrung,
von drei unterschiedlichen Charakteren und all ihren
verschiedenen Fähigkeiten beeinflusst zu werden.
Einer von ihnen ist sehr entschlossen und ehrgeizig.
Er gibt es niemals auf, seine Ziele zu verfolgen.
Er gibt immer Acht auf seine jüngeren Geschwister.
Der andere lehrt mich,
kreativ, humorvoll und jedem gegenüber tolerant zu sein.
Er ist ein individueller Typ und wunderbarer Zuhörer.
Mein dritter Bruder ist mein guter Geist
und unsichtbarer bester Freund.
Von ihm lerne ich zu glauben,
mit einer anderen Welt verbunden und durch
magische Kraft beschützt zu sein.

Schwester dreier Brüder zu sein ist ein Geschenk,
weil es bedeutet, in sehr liebevoller Absicht
unterrichtet zu werden in
Zielstrebigkeit,
Offenheit
und Vertrauen.

Thoughts of a snail

A snail, that had lost her house
got silly by asking herself
whether now she would be disabled or homeless.

Nobody could answer that question,
neither the disabled nor the homeless.
She recognized that she did not belong
to any of these groups.

So she decided to create a new word
for her special situation.

She thought about it for a long time
by considering arguments.
She could move like before,
she could think and talk as she had always done
and she was as slimy as ever.

So she called herself `normal`
and kept on sliming with satisfaction.

Gedanken einer Schnecke

Eine Schnecke, welche ihr Haus verloren hatte,
wurde fast verrückt bei der Frage an sich selbst,
ob sie nun behindert oder obdachlos sei.

Niemand konnte diese Frage beantworten,
weder jene mit Behinderung noch solche ohne Obdach.
Sie erkannte, dass sie zu keiner dieser Gruppen gehörte.

Also entschied sie, ein neues Wort
für ihre spezielle Situation zu erfinden.
Sie dachte sehr lange darüber nach,
während sie verschiedene Argumente bedachte.

Sie konnte sich bewegen wie zuvor,
sie konnte denken und sprechen
 wie sie es immer getan hatte
und sie war schleimig wie eh und je.

Also nannte sie sich selbst `normal`
und schleimte zufrieden weiter.

The world's oceans

Knowing that the world's oceans
spent every living thing,
we should protect them
as if they were our parents.

Instead we hurt them by
making the most of their treasures,
producing microplastics
and poisoning them thoughtlessly.

I don't want to be an enemy,
but a shepherd fort the world's oceans.
Today I want to take responsibility
for every life and creature coming.

I want to commit myself
to save a world where
sweet seals live, penguins do funny things
and whales present impressive fountains.

Die Weltmeere

In dem Wissen, dass die Meere der Welt
alles Leben spenden,
sollten wir sie beschützen
als seien sie unsere Eltern.

Stattdessen schaden wir ihnen,
indem wir uns an ihren Schätzen bereichern,
Mikroplastik produzieren
und sie gedankenlos vergiften.

Ich möchte für die Weltmeere
keine Feindin sondern eine Hüterin sein.
Ich möchte heute für jedes Leben und jede Kreatur
der Zukunft Verantwortung übernehmen.

Ich möchte mir selbst anvertrauen,
eine Welt zu erhalten,
in der süße Robben leben, Pinguine lustige Dinge tun
und Wale ihre imposanten Fontänen präsentieren.

In my father`s eyes

In my father`s eyes
I am a little princess
and also a super hero.

Since I was born
he promises trustworthy
that I can reach, do or become
everything!

Whenever he faces me
I can see proudness, love,
sorrow and felicity.

In my father`s eyes
I can see my past and
the belief in my successful future.

In my father`s eyes I can see
that I am loved
from now until forever.

In den Augen meines Vaters

In den Augen meines Vaters
bin ich eine kleine Prinzessin
und zugleich eine Superheldin.

Seit ich geboren wurde,
hat er mir glaubwürdig vermittelt,
dass ich alles
erreichen, machen und werden kann.

Wann immer er mich anschaut,
sehe ich
Stolz, Liebe, Sorgen und Glückseligkeit.

In den Augen meines Vaters
sehe ich meine Vergangenheit und
den Glauben an eine erfolgreiche Zukunft.

In den Augen meines Vaters sehe ich,
dass ich heute und für alle Zeit
geliebt werde.

Hate

Hate starts small.
At the beginning it is
nothing more than a dispute or
an argument, basing on a conflict,
that could be solved
by listening to each other respectfully.

Hate starts growing
by ignorance, intolerance and thoughtlessness.
Once the hate is adult,
you nearly can`t stop it anymore.

Hate is no respecter of emotions.
It hurts, destroys and is
made of threadbare truth.
Hate kills charity,
that doesn`t ever die a natural death.

STOP IT! AND LOVE!

Hass

Hass fängt ganz klein an.
Am Anfang ist er nichts weiter als
eine Auseinandersetzung oder ein Streit,
der gelöst werden könnte,
wenn einer dem anderen
respektvoll zuhörte.

Hass beginnt zu wachsen durch
Ignoranz, Intoleranz und Gedankenlosigkeit.
Wenn der Hass erst einmal erwachsen ist,
ist er kaum noch aufzuhalten.

Hass ist niemand, der Gefühle respektiert.
Er verletzt, er zerstört und
er besteht aus fadenscheinigen Wahrheiten.
Hass tötet Nächstenliebe,
die niemals eines natürlichen Todes stirbt.

HALTE IHN AUF! UND LIEBE!

Like a tree

I want to grow like a tree,
I want to be strong and have a firm stand.
I want to be deep-routed but also have a far view
to what is still far away,
to what has already happened in the past,
into everything, that nourishes me and lets me thrive,
all around me I want to have a view at everything that
grows, that is looking for protection,
that accompanies or needs me.

I want to be like a tree,
growing constantly, connecting me with the world,
and guarding secrets.
I want to be wild and free,
I want to withstand the storms in my life
and resist the cold.
I never want to be alone,
I want to wear a friendly crown on my top
and carry a soul worthy of protection inside me.

Wie ein Baum

Ich möchte wachsen wie ein Baum,
möchte stark sein und festen Stand im Leben haben,
mich tief verwurzeln und dennoch weit blicken
auf das, was noch entfernt ist,
auf das, was zurück liegt,
in das, was mich nährt und gedeihen lässt,
um mich herum auf das, was wächst, Schutz sucht,
mich begleitet oder braucht.

Ich möchte sein wie ein Baum,
stetig wachsen, mich verbinden mit der Welt,
Geheimnisse hüten,
wild und frei sein, den Lebensstürmen standhalten
und der Kälte trotzen,
nie allein sein, eine freundliche Krone auf mir
und schützenswerte Seele in mir tragen.

J`ai quelque chose à dire ...

Être comme un arbre

Je veux pousser comme un arbre,
être forte et avoir mes pieds sur terre,
être enracinée profondement
mais aussi regarder dans le lointain,
envisager l`avenir et le passé,
dans moi à ce qui me nourrit
et ce qui me laisse fleurir,
autour de moi sur le que pousse,
qui cherche protèction,
qui m`accompagne
ou a besoin de moi.
Je veux être comme un arbre,
pousser sans interruption,
faire un avec la terre,
garder les secrets de la vie,
être sauvage et généreuse,
resister aux tempètes de la vie et défier le froid,
ne jamais être seule,
avoir une cime amicale
et une âme admirable.

Je t`invite à mon cœur

Je t`invite à mon cœur
qui ressemble à une maison
avec beaucoup de chambres
dans lesquelles habitent mes sentiments.

Quelques chambres sont sombres.
Dans leur obscurité tu trouves
ma peur, ma colère, ma tristesse.

Près de ces chambres il y en a d`autres
qui sont claires comme le soleil.
Là tu peux faire la connaissance de
mon bonheur de l`amour et de mes joies.

Quelques portes n`ont jamais été ouvertes,
d`autres n`ont jamais été fermées
et certaines grincent
quand on les ouvre.

Je t´invite à visiter mes sentiments.
Et quand tu quittes mon cœur
tu peux toujours revenir
à ta chambre
où habitent mes sentiments pour toi.

Ich lade dich in mein Herz ein

Ich lade dich in mein Herz ein,
welches einem Haus mit vielen Zimmern gleicht,
in denen meine Gefühle wohnen.

Einige Zimmer sind dunkel.
In ihrer Finsternis findest du
meine Angst, meine Wut, meine Traurigkeit.

Neben diesen Zimmern liegen andere,
welche hell sind wie die Sonne.
Dort kannst du die Bekanntschaft mit
meinem Glück, meiner Liebe und meiner Freude machen.

Einige Türen waren noch nie geöffnet,
andere waren niemals verschlossen
und wieder andere
quietschen, wenn man sie öffnet.

Ich lade dich dazu ein, meine Gefühle zu besuchen.
Und wenn du mein Herz verlässt,
darfst du immer zurückkehren
in dein Zimmer,
wo meine Gefühle für dich wohnen.

étoiles

Peut-être que les étoiles
ne sont rien que
les yeux de la nuit,
qui brillent toujours
à la même place
et rendent le ciel maqique.

Peut-être que les étoiles
ne sont rien que
les yeux de la nuit,
qui me regardent
avec amour
quand je dors et rêve.

Sterne

Vielleicht sind die Sterne
nichts anderes als
die Augen der Nacht,
die immer
an derselben Stelle funkeln
und den Himmel magisch machen.

Vielleicht sind die Sterne
nichts anderes als
die Augen der Nacht,
welche mich
mit Liebe betrachten,
wenn ich schlafe und träume.

J`aime la nature

J`aime la nature.
Tu demandes pourquoi?
Parce-que
le vent me chante des chansons,
le soleil me chauffe le cœur,
la pluie me rafraîchit,
les nuages me font rêver,
les fleurs colorent ma vie,
les arbres me protègent,
la mer me raconte des histoires.

J`aime la nature
parce-qu`elle me rend vivante.
Si je ne protège pas la nature,
je ne respècte pas la vie.

Ich liebe die Natur

Ich liebe die Natur.
Du fragst warum?
Weil
der Wind Lieder für mich singt,
die Sonne mir das Herz wärmt,
der Regen mich erfrischt,
die Wolken mich träumen lassen,
die Blumen mein Leben bunt machen,
die Bäume mich beschützen,
das Meer mir Geschichten erzählt.

Ich liebe die Natur
weil sie mich lebendig macht.
Wenn ich die Natur nicht beschütze,
respektiere ich das Leben nicht.

Trouver des amis

Quelque-fois on passe à côté de personnes
sans les remarquer.
Mais il y a aussi des moments
où on fait la connaissance
d`un étranger qui devient un ami.

Personne ne peut dire
ce qui se passe avec le cœur
quand les sentiments deviennent
amicaux.

Il ne faut pas l`expliquer.
Nous avons la permission de profiter
de ce bonheur
de trouver des amis
par hasard de temps en temps.

Freunde finden

Manchmal geht man an Menschen vorbei
ohne sie zu bemerken.
Aber es gibt auch solche Momente,
in denen man die Bekanntschaft eines Fremden macht,
der zum Freund wird.

Niemand kann sagen,
was im Herzen passiert,
wenn Gefühle
freundschaftlich werden.

Es muss nicht erklärbar sein.
Wir dürfen
das Glück genießen,
von Zeit zu Zeit
zufällig Freunde zu finden.

La mer est comme la vie

La mer est comme la vie:
grande, profonde, pittoresque et jolie,
quelquefois dangereuse, sauvage et mystérieuse.

La mer est comme la vie.
Dans les épaves tu trouves des trésors
et aussi des choses sans importance.

La mer et la vie hébergent des miracles
et tout aussi des risques.
Les deux me font des cadeaux et me menacent.

La mer est comme la vie.
Sans commencement et sans fin
les deux sont rien que fantastiques.

Das Meer ist wie das Leben

Das Meer ist wie das Leben:
groß, tief, malerisch und hübsch,
manchmal gefährlich, fremd und mysteriös.

Das Meer ist wie das Leben.
In dessen Treibgut findest du Schätze
und auch belanglose Dinge.

Das Meer und das Leben beherbergen Wunder
und ebenso Gefahren.
Beide können mich beschenken und bedrohen.

Das Meer ist wie das Leben.
Ohne Anfang und Ende
sind beide von ihnen nichts als fantastisch.

Mouette et pastèque

Aujourd`hui à la plage
j`ai regardé une mouette
qui portait dans son bec
un morceau de pastèque.

Pour quelqu`un d`assez riche
c`était rien que déchets.
Mais pour la mouette
c`était un objet précieux.

A ce moment là
j`ai appris d`elle
que n`est pas sans valeur
ce qui est jeté à la poubelle.

Möwe und Melone

Heute am Strand
habe ich eine Möwe beobachtet,
die in ihrem Schnabel
ein Stück Melone trug.

Für jemanden, der reich genug war,
war sie nichts weiter als Müll.
Aber für die Möwe
war sie eine Kostbarkeit.

In diesem Augenblick
habe ich von ihr gelernt,
dass nicht alles ohne Wert ist,
was andere wegwerfen.

Les couleurs de ma vie

Ma vie est aussi coloré qu`un cristal.
Une de ces pierres étincelantes
aux multiples facettes.

Il faut des brillants
pour faire étinceler les sombres
et des sombres pour
faire briller les brillants.

Chaque situation de ma vie
et chaque facette de mon cristal
sont d`une couleur différante.
Quelquesunes sont sombres
et d`autres sont brillantes.

L`amour est une facette rouge,
la tristesse noire comme la nuit,
la joie est mélangée d`orange et de jaune,
vert est la couleur de l`espoir,
gris et marron réprésentent l`ennui et le reste.

Le cristal de ma vie est
coloré et taillé.
Il va grandir avec chaque facette,
les brillantes
et les sombres.

Die Farben meines Lebens

Mein Leben ist so farbig wie ein Kristall.
Einer dieser funkelnden Steine
mit vielen Facetten.

Die hellen werden benötigt,
um die dunklen funkeln zu lassen
und die dunklen,
um die hellen scheinen zu lassen.

Jede Situation meines Lebens
und jede Facette meines Kristalls
sind unterschiedlich gefärbt.
Einige sind dunkel
und andere sind hell.

Die Liebe ist eine rote Facette,
die Traurigkeit schwarz wie die Nacht,
die Freude ist eine Mischung aus gelb und orange,
grün ist die Hoffnung gefärbt,
grau und braun stehen für Langeweile und Stillstand.

Der Kristall meines Lebens
ist farbig und geschliffen.
Er wird mit jeder Facette wachsen,
den hellen
und den dunklen.

Jouer au foot

Jouer au foot ressemble
à un combat
sur le terrain de sport.
Il faut avoir
une équipe
qui se serre les coudes.
Il y a
des coéquipiers
et des adversaires.
On se batte pour la victoire,
pour l`honneur et
pour la réputation.

Je suis heureuse
parce-que je me batte
exclusivement
sur le terrain de foot,
mais jamais
dans ma vie.

Fußball

Fußball spielen erinnert
an einen Kampf
auf dem Sportplatz.
Man braucht
eine Mannschaft,
die zusammenhält.
Es gibt Mitspieler
und Gegner.
Man kämpft um den Sieg,
um die Ehre und
um Ansehen.

Ich bin glücklich,
weil ich
ausschließlich
auf dem Fußballplatz kämpfe,
aber niemals
in meinem echten Leben.

S`il ne nous restait plus que l´amitié

S`il ne nous restait
plus que l`amitié
nous serions heureux
de la tête aux pieds.

Pour vraiment profiter de ma vie
j`ai besoin de mes amis
qui rient avec moi
quand nous dansons dans la pluie.

S`il ne nous restait
plus que l`amitié
il n`y aurait rien de significatif
auquel nous devions renoncer.

Wenn uns nichts als die Freundschaft bliebe

Wenn uns nichts
als die Freundschaft bliebe,
wären wir
von Kopf bis Fuß glücklich.

Um mein Leben wirklich zu genießen,
brauche ich meine Freunde,
die mit mir lachen,
wenn wir im Regen tanzen.

Wenn uns nichts
als die Freundschaft bliebe,
wäre da nichts von Bedeutung,
auf das wir verzichten müssten.

Dankeschön

Im Alter von 13 Jahren darf ich heute meinen ersten
veröffentlichten Gedichtband in den Händen halten.
Ohne die Unterstützung so vieler Menschen wäre das nicht
möglich gewesen.
Deshalb möchte ich mich an dieser Stelle bei all denen
bedanken, die mich unterstützt, gefördert und an mich
geglaubt haben.
Zuerst danke ich natürlich meinen Eltern und meinen
Brüdern Tom und Elias dafür, dass sie mich in einer
kreativen, schreibenden, malenden und musizierenden
Familie haben aufwachsen lassen.
Meine Patentante Margit Keunecke hat mich seit dem Tag
meiner Geburt liebevoll unterstützt und mir die erste
öffentliche Lesung ermöglicht.
Die Liebe und der Stolz meiner Tanten Tanja Liebl und
Kim Barlag waren mir immer ein verlässlicher Motor, der
mich in vielerlei Beziehung vorangebracht hat.
Besonderer Dank für Lektorat und Korrektur
fremdsprachiger Gedichte gilt Dr. Ruthmarijke Smeding,
Marianne Urban, Valérie Moser und Heike Bruxmeier.
Der Freien Waldorfschule Dinslaken, insbesondere meiner
Klassenlehrerin Annelie Schlabach sowie Heike Unger
möchte ich dafür danken, dass sie mich bestärkt und zu
jeder Zeit Raum geschaffen haben, um „schreibend" sein
zu können.
Herzlich danke ich für Support und Werbung meinem
ersten Fan Sabine Runte, die andere für das begeisterte,
was ich geschrieben habe.
Bei Silvia Meinen bedanke ich mich für unermüdliches
Tippen und Drucken meiner Gedichte.
Danke auch an die Freunde, die mir aufmerksam zuhörten
und meine Arbeit wertschätzten.
Nicht zuletzt möchte ich mich auch bei meinen
Fußballtrainern bedanken, die mehrmals wöchentlich auf
ihre Weise dafür sorgten, dass ich den Kopf für neue
Gedanken frei bekam. Danke Michelle Peters, André,
Michael und Tobias Blödorn, Karl-Heinz Klata, Martin
Hochstrat und Kirsten Stutz vom SV Spellen,

Franzi und Julia Göbel sowie Klaus Krupp vom MSV
Duisburg, Kerstin Wilting und Ingrid Peters vom Kreis 11
sowie Jürgen Zeegers vom Landesleistungsstützpunkt
Kalkar.
Meiner kleinen Freundin Lina Weigle danke ich für das
bezaubernde Lächeln.

Alle hier genannten waren mir wertvolle Begleiter auf dem
spannenden Weg zum ersten Buch.

Danke!

Inhalt